L MÉDICAL

DE

RECRUTEMENT

PAR

A.-Ch. Dogny

Docteur en médecine, Chirurgien—Major au corps royal
de l'artillerie, retraité.

LAON

TYPOGRAPHIE DE ÉD. FLEURY ET L. HURIEZ

Rue Sérurier, 22.

1841

MANUEL MÉDICAL

DE

RECRUTEMENT.

7

AVERTISSEMENT.

—

Afin de ne point interrompre l'ordre des tableaux pour prendre connaissance des notes, et de quelques observations ayant trait au recrutement de l'armée, leur nombre et surtout leur longueur m'ayant empêché de les placer au bas des pages, elles forment un corps à part à la suite des tableaux.

MÉTHODE

A EMPLOYER

POUR PROCÉDER A LA VISITE

DES HOMMES

Appelés au service militaire

PAR

A.-Ch. Dogny

DOCTEUR EN MÉDECINE, CHIRURGIEN-MAJOR AU CORPS ROYAL
DE L'ARTILLERIE, RETRAITÉ.

« Pour les bien choisir, il faut
» du jugement, de l'attention et
» de l'adresse. »

LAON

TYPOGRAPHIE DE ÉD. FLEURY ET L. HURIEZ
Rue Sérurier, 22,

1841

MÉTHODE

A EMPLOYER

POUR PROCÉDER A LA VISITE D'UN HOMME

Appelé au service militaire.

———

Un manuel médical de recrutement manquant à beaucoup de personnes intéressées à connaître non seulement les infirmités qui rendent impropre au service militaire, mais encore celles que simulent et dissimulent ceux qui y ont intérêt, j'ai donc pensé devoir les faire profiter d'une expérience acquise par trente-et-un ans de service et par cinq tournées de recrutement faites avec les conseils de révision.

Je dois rappeler que l'armée se recrute par des enrôlements volontaires, par la conscription ; je me sers à dessein de cette expression, parce qu'elle est la seule convenable. Oui, en dépit de la faiblesse de nos gouvernants, le terme *conscrit* est le seul qui convienne, parce qu'il exprime bien clairement la position du jeune homme inscrit avec et en même temps que tous ceux qui doivent entrer avec lui dans l'armée. J'avoue que je n'ai jamais pu me faire à cette dénomination actuelle de *jeune soldat*, qui n'est pas réellement celle qui convient : l'armée se recrute encore par les remplaçants.

Si la visite des deux premières catégories composant l'armée requiert de tout le monde une grande attention, que ne doit-on pas faire dans l'examen pour l'admission des remplaçants, de ces gens qui sortent de la *plèbe* et non du *peuple*, de ces gens qui, comme on l'a dit, vont *se faire tuer pour vivre*. Beaucoup de ces hommes sont presque toujours dans les prisons des corps ou dans les prisons militaires des villes, ils garnissent les infirmeries régimentaires et les hôpitaux. Il est encore à propos de publier que, sur cent remplaçants, on en compte quatre-vingt-seize environ qui n'ont plus un sou peu de temps après avoir reçu le prix du remplacement : il faut voir là une source d'immoralité et d'indiscipline qui devient un exemple et un entraînement funestes. Beaucoup de ceux acceptés pour remplacer aux corps où ils servent prouvent, bientôt après l'acte de remplacement, qu'ils ne se sont bien conduits que parce qu'ils étaient sans argent.

Dans cette opération, il faut y penser, y réfléchir et la raisonner, le chiffre des remplacements étant annuellement le quart du contingent, on ne peut donc porter trop d'attention à leur admission dans l'armée. Par ce recrutement, l'armée perd encore une fois en moralité, en considération, et l'état en a moins de force. On peut remarquer que dans notre beau département on fait beaucoup de remplacements : il ne faut pas inférer de là qu'il y a moins de patriotisme qu'ailleurs, mais on doit y trouver une preuve bien grande de l'aisance qui règne dans notre pays.

Qu'on y prenne garde, le motif d'exemption du service militaire n'est pas toujours chose facile à être constaté même par un médecin expérimenté ; ce sera donc bien plus difficile encore pour une personne étrangère à la pratique de la médecine et du recrutement. Aussi ai-je pensé qu'en donnant un extrait des tableaux des cas d'exemption du service militaire et des maladies simulées et dissimulées, on y trouverait d'utiles renseignements, aussi bien pour les familles que pour les administrateurs et pour tous les intéressés, qui ne peuvent pas tous se procurer les moyens d'information qu'ils vont demander partout et à tous.

Pour plus de facilité, j'ai établi mon exposé en trois tableaux :

Le premier tableau, qui est partagé en deux divisions, comprendra *les motifs d'exemption du service militaire ;* le second contiendra *les maladies dissimulées :* ce sont celles que dissimulent les substituants, ou plus encore les remplaçants ; le troisième, enfin, comprendra *les maladies simulées,* ou celles qui dépendent uniquement de la volonté. Après la lecture de cet exposé, on pourra faire l'application pratique auprès d'un homme appelé à servir dans l'armée. Avec ce guide, chaque membre du conseil pourra mieux suivre le médecin dans l'examen qu'il fera d'un conscrit, et il lui deviendra facile de reconnaitre lui-même dans quel tableau il devra classer l'homme examiné.

Le médecin désigné pour assister au conseil de révision, doit être doué de patience et de douceur, de sagacité et de sang-froid. Il doit être un homme d'expérience et de conscience ; il doit être pénétré de l'importance de ses fonctions et de ses devoirs, de ce qu'il se doit à lui-même ; il doit répondre à la confiance de l'administration, qui attend de ses études spéciales, de son zèle et de sa loyauté, une plus grande facilité dans ses délibérations ; il doit aussi avoir toujours présente à l'esprit l'opinion qu'aura de lui la population si intéressée à sa conduite. Malheureusement, quoi qu'il fasse, il n'aura pas le bonheur d'être bien apprécié par tout le monde ; qu'il ne s'arrête pas à cette triste pensée ; qu'il opère toujours en conscience ; par ce moyen il commandera l'estime du conseil de révision et de la population elle-même, à très-petite exception.

Heureux, mille fois heureux, si un préfet lui apprend que MM. les maires lui ont déclaré que jamais ils n'avaient vu jusqu'alors un recrutement aussi loyalement fait, et qu'on devait à bon droit lui en rapporter le mérite !

Le médecin assistant le conseil ne peut conserver de discrétion sur des infirmités qu'il est nécessaire de publier.

L'aptitude pour le service militaire est reconnue par lui quand l'homme est pourvu d'une bonne santé, d'une constitution assez robuste, qu'il est exempt de défauts physiques, qu'il n'est aucunement gêné dans les mouvements habituels, et qu'il pourra porter l'équipement militaire ou supporter les exercices de l'arme à laquelle ses qualités physiques peuvent le destiner. Le médecin, avant d'examiner l'homme appelé à servir, doit le faire mettre nu et debout, la tête et le corps droits, les cuisses, les jambes et les pieds rapprochés, les bras pendants et les doigts étendus; alors il procédera à un examen général; il verra l'ensemble de chaque partie extérieure, et si l'une est en rapport avec l'autre. Ensuite il l'examinera d'une manière détaillée pour connaître les infirmités réelles, simulées et dissimulées. Il ne devra jamais omettre de faire parler l'homme qu'il examine; il procédera dans sa recherche de la *tête aux pieds*.

1° Il examinera la conformation de la tête, le cuir chevelu, les oreilles, les yeux, le nez, la bouche, la langue et les dents;

2° Le cou, les articulations des épaules, du coude et du poignet, le bras, l'avant-bras, les mains et les doigts;

3° La conformation de la poitrine qu'il percutera, qu'il explorera plus amplement s'il le faut;

4° L'abdomen ou le ventre, le bassin, les anneaux inguinaux, ces derniers surtout doivent être attentivement examinés;

5° Les parties génitales, l'ouverture de l'urètre, les testicules et l'état des bourses sont aussi bien observés;

6° Les articulations des cuisses, des genoux et des pieds : les cuisses, les jambes et les pieds doivent être vus scrupuleusement;

7° Le rachis ou l'épine du dos ne sera pas oublié dans l'examen ;

8° Il faudra enfin terminer par faire exécuter des mouvements, tousser, respirer et parler.

Ensuite d'un examen également scrupuleux pour tous les sujets, quelle que soit la position sociale, le médecin énonce son opinion sous une apparence consultative, et il en déduit les motifs. En général, les infirmités que j'établis en trois classes : en *réelles, simulées et dissimulées*, sont *le plus ordinairement* faciles à reconnaître par la réalité des premières, la fausseté des secondes et la facilité avec laquelle on découvre ordinairement les dernières.

Au nombre des infirmités qui peuvent exempter du service militaire, il en est d'ignorées par les sujets mêmes, elles n'échapperont point à l'expérience du médecin qui les signalera, afin d'éviter des non-valeurs pour l'armée.

Le conscrit doit toujours déclarer avec franchise les infirmités ou les maladies dont il est atteint; il trouvera *toujours* le médecin disposé à faire valoir ses motifs de rejet, s'il y a lieu, dans son rapport au conseil de révision.

À l'occasion des *maladies simulées*, le médecin

emploiera tous les moyens raisonnables pour les juger et en faire reconnaître la fausseté au conseil. Qu'il me soit permis de citer un moyen tout simple employé à l'occasion d'un conscrit qui se disait atteint d'une incontinence d'urine manifestée par un écoulement incessant par gouttes. On allait y croire, quand, en présence du conseil, je sondai le jeune homme mis dans la position de la station. Il rendit alors une si grande quantité d'urine, qu'il fut reconnu *bon* à l'unanimité. Ce fait eut lieu en 1830, à Excideuil (Dordogne), pays de M. le général Bugeaud.

Dans les tableaux des infirmités qui exemptent du service militaire, on ne doit pas seulement reconnaître celles qui rendent impropres au service, soit par leur état actuel, mais quelquefois encore celles qui rendent impropre par les progrès qu'elles peuvent faire.

Ce manuel médical de recrutement peut être apprécié, quant aux trois tableaux, comme un extrait des règlements du ministère de la guerre, et on peut le considérer encore comme ce qui doit être reconnu avant et pendant les opérations du conseil. D'après cela il doit être utile aux membres du conseil de révision, aux maires, aux pères de famille, aux médecins appelés à donner leur avis sur les sujets destinés au service de l'armée ; il sera encore utile aux compagnies d'assurances.

TABLEAU N° 1.

DES MOTIFS D'EXEMPTION DU SERVICE MILITAIRE.

—

VICES OU DIFFORMITÉS PHYSIQUES.

Du Crâne.

1° L'alopécie universelle et la dépilation totale ou presque totale du cuir chevelu.

2° La persistance de la fontanelle supérieure et antérieure.

3° L'écartement des sutures.

4° Le volume exhorbitant et monstrueux de la tête.

5° La dépression du crâne, ou toute autre difformité sensible dans sa configuration.

6° Les grandes lésions du crâne, provenant des plaies compliquées, de fractures considérables, de l'opération du trépan, d'ulcères avec carie, suivies d'exfoliations qui ont intéressé toute l'épaisseur des os : il en résulte des accidents très graves, tels que l'altération des facultés intellectuelles, la perte de la mémoire, les fréquentes douleurs de tête, les étourdissements, les vertiges, l'assoupissement et autres affections nerveuses ou spasmodiques, qui sont aussi quelquefois, et même long-temps après l'action de la cause qui les a déterminés, la suite d'une violente commotion au cerveau, sans fracture concomitante des os du crâne.

De la Face.

7° Les taches ou envies rouges, grises, livides, etc., velues ou poilues, couvrant une grande partie du visage.

8° Les mutilations hideuses de la face, à la suite de brûlures larges et profondes, de la variole ou d'une opération chirurgicale.

9° Les pertes considérables de substance à la joue.

10° La perte partielle ou totale de la mâchoire supérieure ou inférieure.

11° Les difformités incurables de l'une ou l'autre mâchoire, capables de gêner la mastication, la parole, ou d'empêcher de déchirer la cartouche.

Des Yeux.

12° La chûte complète des cils ou des sourcils.

13° L'adhérence d'une ou des deux paupières au globe de l'œil.

14° L'atrophie de l'œil.

15° La perte d'un œil ou de son usage.

16° La cécité, ou privation totale de la vue, de naissance ou accidentelle.

Des Oreilles.

17° Les oreilles volumineuses, énormes, bizarres,

très petites ou amincies, et d'une difformité désagérable à la vue ou nuisible à l'ouie.

18° La perte ou le défaut du pavillon de l'oreille.

19° L'oblitération ou l'imperforation du conduit auditif.

20° L'étroitesse, ou le resserrement du conduit auditif, susceptible d'empêcher la libre perception des sons.

21° La surdité et le mutisme de naissance.

22° La surdité accidentelle, complète ou incomplète, et ancienne. (1)

Du Nez.

23° Le volume extraordinaire du nez.

24° La petitesse extrême du nez, avec étroitesse du méat antérieur des fosses nasales.

25° Le nez très écrasé, presque nul, ou toute autre difformité de cette partie, capable de défigurer ou d'altérer beaucoup la voix, et de gêner sensiblement la respiration.

26° La perte complète du nez ou d'une partie du nez.

De la bouche et de l'arrière-bouche.

27° Le bec de lièvre de naissance, simple ou double, difforme ou compliqué de la division du rebord alvéolaire des os palatins.

28° La perte partielle ou totale de l'une des lèvres.

29° Les lèvres constamment béantes ou pendantes.

30° La perte totale des dents incisives et canines de la mâchoire supérieure ou inférieure.

31° La fente, l'écartement, l'échancrure, la perforation, la perte de substance ou l'absence de la voûte palatine.

32° L'atrophie de la langue.

33° L'adhérence de la langue aux parois de la bouche.

34° La mutilation, ou la perte partielle ou totale de la langue.

35° La destruction presqu'entière du voile du palais.

36° Le mutisme. (2)

37° L'extinction de la voix ou son altération manifeste par le squirrhe des amygdales, par la bifurcation ou la destruction de la luette, par le racornissement de l'épiglotte.

38° L'aphonie complète et permanente.

39° Le bégaiement ou le bredouillement outré, c'est-à-dire au point de compromettre la sûreté d'un poste.

De la Poitrine.

40° La gibbosité, ou les bosses situées à la partie antérieure ou postérieure de la poitrine.

41° La voussure du dos avec applatissement de la partie antérieure de la poitrine, ou seulement avec dépression ou enfoncement du sternum.

42° Les cicatrices adhérentes aux parois du thorax, à la suite de plaies pénétrantes avec lésion des viscères.

43° La multiplication et le développemont des mamelles, imitant celles de la femme.

De la colonne vertébrale.

44° La courbure, ou déviation de la portion cervicale, dorsale ou lombaire de la colonne épinière.

Du Bassin.

45° La déviation ou la saillie vicieuse d'un des côtés du bassin.

Du bas-ventre.

46° L'anus contre nature ou artificiel.

Des parties génitales.

47° L'épispadias ou l'hypospadias, situé au milieu ou à la racine de la verge.

48° Le rétrécissement considérable de l'urètre.

49° L'absence ou la perte totale ou presque totale de la verge.

50° L'absence des testicules.

51° Les testicules arrêtés à l'anneau.

52° L'atrophie des deux testicules.

53° La perte des deux testicules.

54° L'absence ou la perte totale des parties génitales.

55° La sortie de l'urine par le nombril.

56° L'hermaphrodisme, c'est-à-dire ce vice de conformation des parties génitales, qui imite la réunion des deux sexes.

Des membres en général.

57° Les développements contre nature et les accroissements difformes et monstrueux de la propre substance des os.

58° La courbure défectueuse des os longs.

59° Les fausses articulations, ou articulations contre nature.

60° L'akilose complète. (5)

61° L'atrophie partielle ou générale d'un membre.

62° La rétraction permanente d'un membre ou d'une portion de ce membre.

63° La faiblesse, la difficulté ou la perte totale et irrécusable du mouvement d'un membre.

64° La privation d'un membre ou d'une portion essentielle de ce membre.

65° Les enfoncements, les inégalités, les déviations ou le raccourcissement des membres, provenant de fractures simples et compliquées, mal guéries.

66° Idem reconnaissant pour causes les distensions articulaires, les entorses violentes et les luxations négligées et mal traitées.

67° Les cicatrices anciennes ou récentes, larges, profondes, croûteuses, parsemées de varices bleuâ-

2

tres, livides, peu solides, et dont l'existence coïncide avec des signes de faiblesse de constitution.

68° Les cicatrices dures, résultant de plaies par brulure, rupture et arrachement, de coup de feu, d'opérations chirurgicales, ou de toute autre espèce de solution de continuité avec ou sans déperdition de substance : celles situées principalement sur le trajet des membres inférieurs et adhérentes aux aponévroses, aux corps des muscles, aux tendons, aux capsules articulaires, et même aux os, qui bridant la contraction des muscles fléchisseurs et extenseurs, et tenant les articulations dans un état continuel de rigidité, nuisent et s'opposent à l'étendue, à l'agilité et à la souplesse des mouvements; ou bien encore celles qui sont tendres, délicates et susceptibles de devenir douloureuses, de s'enflammer et de se rouvrir par l'effet de la marche, de la compression ou du frottement exercé par les vêtements, des coups, des chutes, de l'impression du froid, etc.

Des membres supérieurs.

69° Les extrémités supérieures et inférieures sensiblement trop longues ou trop courtes.

70° Une épaule beaucoup plus basse que l'autre.

71° Les altérations congéniales de la conformation des mains.

72° Le volume extraordinaire des mains, provenant d'un engorgement lymphatique naturel, de l'état variqueux général des capillaires veineux, ou bien d'engelures habituelles et ulcérées.

73° La callosité générale, avec gerçures vives, de la pomme des mains.

74° Les doigts adhérents réunis.

75° Les doigts surnuméraires, doubles ou rameux.

76° L'extension ou la flexion permanente d'un ou de plusieurs doigts, ainsi que la perte irrémédiable du mouvement de ces parties.

77° La perte de la première phalange du pouce de la main droite.

78° La perte totale d'un pouce.

79° La perte totale ou partielle du doigt indicateur de la même main.

80° La perte de la première et de la deuxième phalange des doigts de la main droite.

81° La perte totale des doigts de la même main.

82° La mutilation des dernières phalanges des doigts de l'une ou l'autre main.

83° La difformité considérable des ongles.

Des membres inférieurs.

84° La torsion de l'entre-croisement des extrémités inférieures.

85° La cambrure d'un ou des deux genoux, ou les genoux dits cagneux.

86° Le volume extraordinaire d'une ou des deux jambes.

87° La saillie considérable des malléoles internes

3

par l'effet de la déviation naturelle ou forcée des os qui forment l'articulation du pied avec la jambe.

88° Le raccourcissement permanent du tendon d'Achille.

89° La claudication bien marquée.

90° Les pieds trapus et très-courts.

91° L'inversion des pieds, ou les pieds dits bots ou tors.

92° Les pieds plats, écrasés et très longs (4).

93° Tous les orteils réunis, doubles ou rameux.

94° La déviation du gros orteil croisant la direction des autres, accompagnée de la forte saillie de l'articulation formée par le premier os métatarsien et la première phalange du gros orteil.

95° Le chevauchement ou la superposition de tous les orteils.

96° La rétraction ou la courbure difforme de tous les orteils du même pied, ou de deux orteils au moins.

97° La perte partielle ou totale d'un gros orteil.

98° La perte partielle ou totale de deux orteils du même pied.

99° La perte du mouvement du gros orteil.

100° La perte du mouvement de deux doigts du même pied.

101° La mutilation des dernières phalanges des orteils de l'un ou de l'autre pied.

TABLEAU N° 2.

2ᵉ DIVISION.

DES MOTIFS D'EXEMPTION DU SERVICE MILITAIRES.

MALADIES ET INFIRMITÉS.

Ulcères.

1° Les ulcères invétérés, constitutionnels, d'un mauvais caractère.

2° Les ulcères variqueux.

3° Les ulcères atoniques et scorbutiques invétérés.

4° Les ulcères dartreux et rongeurs.

5° Les ulcères scrophuleux.

6° Tous les ulcères, de quelque nature qu'ils soient, larges, profonds, situés sur les parties actives dans les mouvements, et qui ayant détruit les chairs et dénudé les os, ne peuvent manquer de laisser des cicatrices étendues et adhérentes.

Fistules.

7° Les fistules pénétrant dans les cavités osseuses, dans les sinus, les articulations, dans l'épaisseur des os spongieux, dans les glandes engorgées.

8° Les fistules qui intéressent les conduits excréteurs, qui communiquent avec l'intérieur du larynx, de la poitrine et de l'abdomen.

9° Les fistules urinaires et stercorales.

Abcès.

10° Les abcès considérables qui proviennent d'une cause constitutionnelle.

11° Les abcès froids, de cause interne, que leur situation peut faire avec raison soupçonner compliqués de la carie des os sous-jacents ou avoisinants.

12° Les abcès par congestion; la maladie de Pott, ou mal vertébral.

13° Les abcès internes et profonds, prononcés à l'extérieur, ou ceux qui ont des rapports de communication avec les cavités ou les organes quelles renferment.

Tumeurs.

14° Les tumeurs ou dilatations variqueuses, anévrismatiques, érectiles; les hématoncies volumineuses; le fongus hématode.

15° L'anévrisme des principaux troncs artériels, externes et internes.

16° Les tumeurs froides, de cause interne.

17° Les polypes du conduit auditif, des sinus frontaux et maxillaires, du nez, de la gorge, du pharynx, etc.

18° Les excroissances variqueuses, fongueuses et sarcomateuses incurables.

19° L'engorgement considérable des glandes cervicales, sous-maxillaires, axillaires, inguinales; celui des glandes mésentériques, ou le carreau.

20° Les tumeurs lacrymales, salivaires, biliaires.

21° Les tumeurs enkistées, externes et internes,

volumineuses et multipliées, quelle que soit la nature du contenu du kyste, et qui ne sont curables que par le procédé opératoire.

22° Les tumeurs osseuses.

23° Les tumeurs blanches et fongueuses des articulations.

24° Les tumeurs scrophuleuses, externes et internes.

25° Les tumeurs cancroïdes, ou excroissances carniformes de la peau.

Hernies.

26° Les hernies abdominales, simples ou doubles, réductibles, irréductibles, faciles ou difficiles à maintenir réduites, même à l'aide du bandage le plus convenable (5).

27° La hernie du poumon.

28° La procidence ou hernie de l'iris.

29° Les hernies ou déplacements musculaires.

Dégénérations organiques.

30° Le squirre, et toutes les excroissances squirreuses considérables.

31° Le cancer et le carcinôme.

32° L'ostéo-sarcôme.

33° Les tubercules.

34° La transformation des muscles en tissu blanc et graisseux.

35° L'endurcissement chronique du tissu cellulaire du scrotum, d'un membre, etc.

Quelque soit le siège de ces maladies, et la forme sous laquelle elles se montrent.

5.

Maladies de la peau.

36° Les dartres vives, humides et étendues, invétérées, constitutionnelles; la diathèse dartreuse confirmée.

37° La gale rébelle et compliquée.

38° L'éléphantiasis.

39° La lèpre.

40° Teigne.

41• La pthiriase ou maladie pédiculaire.

42° L'ichthyose nacrée, cornée ou pellagre.

Observation. — Toutes les maladies de la peau anciennes, héréditaires, dégoûtantes et susceptibles de se communiquer.

Maladies des muscles.

43• Les ruptures et déchirements survenus aux portions charnues et tendineuses des muscles des extrémités inférieures.

44° La rétraction permanente des muscles.

45° Le torticolis ancien.

46° L'atonie ou le relâchement constant de muscles d'une partie.

Maladies des os.

47• La carie, surtout celle des os spongieux.

48• La nécrose.

49° L'exostose.

50° Le périostose.

51° Le spina-ventosa.

52° Le diastasis.

53° Les luxations anciennes.

54° Les fractures graves.

55° Les entorses violentes, avec déplacement complet ou incomplet des os.

56° Le ramolissement et la fragilité des os.

57° Le gonflement de la tête des os.

58° Les corps étrangers dans les articulations.

59° L'hydropisie des articulations.

Maladies nerveuses

60° La manie.

61° La folie, démence, ou aliénation mentale.

62° L'idiotisme, ou l'imbécillité.

63° Les vertiges invétérés.

64° L'épilepsie. (6)

65° Le somnambulisme.

66° Le tic douloureux ou convulsif de la face.

67° La difficulté de la déglutition par l'effet de la paralysie de l'œsophage.

68° Le hoquet continuel.

69° La dyspnée habituelle, ou courte haleine.

70° L'asthme continuel, confirmé, sec, humide, ou catarrhal.

71° L'asthme périodique ou convulsif.

72° Les palpitations du cœur.

73° Les pulsations fortes et habituelles à la région épigastrique.

74° Le vomissement habituel, la rumination.

75° La polyphagie, boulimie, voracité ou appétit insatiable.

76° La sciatique.

77° Le tremblement habituel de la tête ou de tout le corps.

78° Le tremblement partiel ou général des extrémités.

79° La danse de Saint-Guy.

80° Les convulsions habituelles, générales ou partielles.

81° La paralysie complète ou imcomplète d'une partie.

Maladies générales ou constitutionnelles.

82° Le rachitisme, ou noueure.

83° Les scrophules, ou écrouelles abcédées, ulcérées.

84° La constitution scrophuleuse seule, bien caractérisée par la débilité qui lui est inhérente.

85° La faiblesse constitutionnelle et l'extrême maigreur. (a)

86° L'obésité, ou polysarcie.

87° Le marasme décidé, avec ou sans fièvre, caractérisé par des signes d'éthisie ou de colliquation.

88° La fièvre hectique, avec ou sans lésion organique.

(a) Par *faiblesse de constitution*, il faut comprendre qu'il n'y a pas de lésions organiques.

89° La fièvre intermittente, chronique et rébelle à tout traitement.

90° Le scorbut avancé.

91° La cachexis scorbutique et vénérienne.

92° L'anasarque,

93° L'ictère chronique.

94° La sueur générale et habituelle.

95° La transpiration fétide.

Observation. — Il est un état constitutionnel qui, loin de caractériser une santé parfaite, doit au contraire faire regarder le sujet qui le présente, comme étant dans un état voisin de la maladie, et par conséquent comme impropre au service. C'est l'excessive prédominance du système sanguin, ou la constitution pléthorique au suprême degré chez un individu replet, dont la stature est petite et ramassée, qui a une grosse tête, le cou court, la face injectée, les veines saillantes, qui ne pourrait se baisser, porter un col, agrafer l'habit d'uniforme, ni se coiffer d'un schako, sans que sa face ne devînt violette, et qu'il ne fût menacé d'une attaque d'apoplexie.

Maladies du crâne.

96° L'hydrocéphale.

Maladies des oreilles.

97° L'écoulement continuel, purulent et fétide du conduit auditif.

Maladies des yeux

98° La chûte ou la paralysie de la paupière supérieure.

99° L'ectropion, c'est-à-dire l'éraillement ou le renversement en dehors de la paupière inférieure.

100° Le trichiasis, ou le renversement en dedans de la même paupière.

101° La lippitude, ou le flux chassieux habituel.

102° Le flux palpébral, purulent et chronique.

103° L'inflammation et l'ulcération chronique des paupières.

104° Le mouvement involontaire des paupières.

105° L'excroissance de la caroncule lacrymale.

106° L'épiphora, ou larmoiement continuel.

107° Les varices de la conjonctive.

108° L'ulcère et la fistule de la cornée.

109• Le gonflement variqueux de la cornée transparente.

110° Le staphylôme, tumeur ou prolongement de la même partie.

111° Les tâches, ou nuages sur les yeux (le néphélion, l'albugo, le leucoma), situées vis-à-vis la pupille, ou assez étendues pour obscurcir la vue, surtout l'œil droit.

112° L'ophtalmie chronique, habituelle et incurable.

113° Les fluxions fréquentes et habituelles sur les yeux.

114° Le ptérégion onglet, ou végétation de la cornée.

115° L'hydropthalmie.

116° L'exopthalmie.

117° L'égarement, ou le clignotement habituel de l'œil droit.

118° Les convulsions habituelles des yeux.

119° La myopie, ou vue courte.

120° La diplopie, ou vue double.

121° L'amblyopie, ou vue affaiblie, confuse; vue vague.

122° L'héméralogie, ou vue diurne.

123° La nyctalopie, ou cécité nocturne.

124° L'amaurose, ou goutte sereine. (7).

125° La faiblesse de la vue, causée par le déchirement ou l'éraillement de l'iris, par l'extrème sensibilité des yeux, et le resserrement considérable de la pupille privée presque totalement du mouvement de la dilatation.

126° La cécité causée par :

    L'opacité totale de la cornée transparente;

    L'absence ou l'occlusion de la pupille;

    L'adhérence contre nature de l'iris à la cornée;

    La paralysie des nerfs de l'iris;

    La cataracte; (8)

    L'opacité de l'humeur cristalline;

    La coarctation permanente de la pupille;

    La paralysie du nerf optique;

    Le glaucome.

127° Le strabisme très-prononcé.

Maladies du nez.

128° L'hémorrhagie habituelle du nez.
129° L'écoulement purulent et fétide du nez.
130° L'ozène.
131° Tout ulcère rebelle du nez, entretenu par un vice spécifique.
132° Le gonflement des cartilages de la cloison du nez, oblitérant les fosses nasales.

Maladies de la bouche

133° L'ankilose de la mâchoire inférieure.
134° La tuméfaction, ou le prolongement excessif de la langue.
135° La carie générale des dents, leur perte presque totale par cette cause ou toute autre.
136° L'exubérance des amygdales.
137° L'écoulement involontaire de la salive.
138° L'haleine infecte par causes irrémédiables.

Maladies du cou.

139° Le goître, ou branchocèle assez volumineux pour gêner la respiration et empêcher l'homme de mettre son col et d'agrafer son habit.
140° L'ossification de la glande thyroïde.
141° La pthisie laryngée.

Maladies de la poitrine.

142° L'anévrisme du cœur et toutes les affections de cet organe.

143° La pthisie au premier, au second et au troisième degré.

144° L'hémoptysie par disposition originaire, habituelle ou périodique.

145° L'hydrothorax, ou hydropisie de poitrine.

146° L'hydropéricade.

Maladies du bas-ventre.

147° La péritonite chronique.

148° L'inflammation ou l'engorgement d'un ou de plusieurs viscères abdominaux.

149° La pthysie de ces mêmes viscères.

150° L'ascite.

151° L'hémathémèse.

152° Le mélœna, ou maladie noire.

153° L'existence du ténia, ou ver solitaire.

154° La dyssenterie chronique, ou pthysie intestinale.

155° Le flux de sang intestinal, habituel et chronique.

156° L'incontinence permanente des matières fécales.

157° Les tumeurs hémorrhoïdales internes.

158° Le flux hémorrhoïdal, périodique et abondant.

159° Les hémorrhoïdes ulcérées.

160° La chûte habituelle du rectum.

Maladies de voies urinaires et de parties génitales.

161° La gravelle, ou néphrite calculeuse.

162° L'hématurie, ou pissement de sang. (b)

163° La rétention continuelle ou fréquente de l'urine, par l'effet des affections chroniques de l'urètre et de la vessie.

164° Le catarrhe chronique de la vessie.

165° Le calcul vésical.

166° L'incontinence d'urine.

167° Le diabète.

168° La rétraction permanente d'un ou des deux testicules, au point de s'engager douloureusement dans l'anneau.

169° L'ydrocèle vaginal et celle du cordon.

170° La varicocèle.

171° La cirsocèle.

172° L'hématocèle.

173° Le sarcocèle.

Observation. — Toutes les affections graves du scrotum des testicules et des cordons spermatiques, incurables.

Maladies des extrémités supérieures et inférieures.

174° Les verrues nombreuses et volumineuses, couvrant les mains, de manière à gêner le jeu des doigts.

_____

(b) On considère comme des cas de réforme les hémorragies insolites et abondantes par un point quelconque des surfaces muqueuses.

175° Le relâchement des capsules et des ligaments articulaires, avec mobilité extraordinaire et luxation volontaire et involontaire dés os.

176° Les Varices noueuses, volumineuses, multipliées ou ramassées sous forme de tumeur.

177. Le rhumatisme fibreux ou arthritisme chronique, avec gonflement des articulations, engorgement des tissus environnants, gêne, difficulté ou impossibilité de faire des mouvements.

178° Les douleurs rhumatismales chroniques.

179° L'œdème habituel des extrémités inférieures.

180° La sueur abondante et habituelle des pieds.

181° Les ongles profondément incarnés.

MALADIES DISSIMULÉES.

I.

1° La dépilation du cuir chevelu.

2° La chûte dés sourcils.

3° La perte des dents.

4° L'haleine fétide.

5° La hernie inguinale.

6° L'incontinence des matières fécales.

7° La chûte habituelle du rectum.

8° La rétention ou l'incontinence d'urine.

9° La sortie de l'urine par le nombril.

10° La sueur habituelle des pieds.

11° Le raccourcissement d'une extrémité infé-rieure.

12° L'absence ou le défaut absolu de mémoire.

13° La myopie (9).

14° L'épilepsie.

15° Le somnambulisme.

16° L'hémoptysie périodique (10).

17° L'asthme.

18° L'existence du ténia ou ver solitaire.

19° Le vomissement habituel.

20° La voracité ou l'appétit insatiable.

21° La rumination.

22° La gravelle.

23° Le flux hémorrhoïdal.

24° Le catarrhe chronique.

25° Les douleurs rhumatismales et névralgiques.

26° La fièvre intermittente, chronique et rebelle.

27° L'épuisement des forces.

MALADIES SIMULÉES.

A. *Maladies simulées, dépendant uniquement de la volonté, qui règle seule les mouvements et l'état prétendu vicié ou désordonné de l'économie animale,*

SAVOIR :

1° L'épilepsie.

2° L'idiotisme.

3° L'absence de la mémoire.

4° La folie ou démence mélancolique.

5° La manie.

6° La surdité.

7° La chûte de la paupière supérieure de l'œil droit.

8° Le mouvement involontaire des paupières.

9° Le strabisme.

10° Les mouvements convulsifs des paupières et des yeux.

11° Le mutisme.

12° L'aphonie.

13° Le bégaiement.

14° Le torticolis.

15° La gibbosité.

16° La voussure du dos.

17° La courbure de la colonne épinière.

18° Le vomissement volontaire.

19° La rumination.

20° La rétention et l'incontinence d'urine (11).

21° Le tremblement partiel ou général.

22° La paralysie.

23° La rétraction ou la flexion continuelle des doigts et des membres.

24° La claudication.

25° Les douleurs rhumatismales et névralgiques.

26° L'élévation d'une épaule.

27° La raideur et l'ankilose d'un membre ou d'une portion de ce membre.

28° Le raccourcissement ou la déviation d'un membre.

29ⁿ L'inversion ou la torsion des pieds.

B. *Maladies simulées et imitées volontairement avec des moyens artificiels, mais sans aucune altération de tissu, ni lésion importante de fonctions,*

SAVOIR :

1° La jaunisse.

2° Les ecchymoses.

3° La phthiriase ou maladie pédiculaire.

4° L'écoulement purulent des oreilles.

5° L'hémoptysie ou crachement de sang.

6° L'hématémèse ou vomissement de sang.

7° La hernie inguinale ou scrotale.

8° La chûte du rectum.

9° Les hémorrhoïdes internes.

10° L'hématurie ou pissement de sang.

11° L'excrétion des calculs.

12° Le changement de la couleur et de la consistance de l'urine.

13° Le flux hémorrhoïdal.

14° Les varices (12).

C. *Maladies simulées, factices et volontaires, imitées par l'application, à l'extérieur ou à l'intérieur, d'agents qui produisent une altération ou un changement contre nature, dans la forme, le volume, l'intégrité, la continuité et la sensibilité des diverses parties du corps* (13),

SAVOIR :

1° Les plaies.
2° Les mutilations.
3° Les ulcères.
4° Les dartres.
5° La teigne.
6° L'éruption de pustules et de pétéchies.
7° L'ophtalmie.
8° Le scorbut des gencives.
8° La carie, la destruction partielle ou la perte presque totale des dents.
10° L'hydrocéphale.
11° Les vertiges.
12° La folie furieuse.
13° L'emphysème.
14° L'ascite.
15° La tympanite.
16° L'hydrocèle.
17° Le pneumatocèle.
18° La hernie inguinale et scrotale.
19° Le vomissement des aliments.
20° La faiblesse du pouls.

21° Les défaillances et la syncope.
22° Les palpitations du cœur.
23° L'amaurose ou goutte sereine.
24° La fièvre.
25° L'émaciation et l'épuisement des forces.

NOTES.

———

(1) *Surdité*. Les vrais sourds ont *une expression remarquable de la physionomie*. L'homme qui simule la surdité fait des grimaces et sa contenance n'a rien de naturelle.

———

(2) *Mutisme*. L'ingestion de certaines substances peut occasionner momentanément la mutité. Cette provocation passagère se découvre et la fraude reste sans effet dès qu'on isole l'individu. Si la maladie est vraie, la langue est gênée par quelqu'adhérence ; elle est paralysée ; elle est mince, émaciée, ramassée, comme pelotonnée ; elle ne sort que difficilement de la bouche. On peut admettre comme une proposition géralement reçue que *tout muet qui tire la*

langue et la meut, s'il n'est pas sourd, est un imposteur.

———

(5) Une *ankilose* peut être simulée, puisqu'il est des personnes qui peuvent tellement retenir fléchis leurs avant-bras et leurs jambes, qu'il est impossible de les étendre sans risquer de rompre les muscles et les os. La comparaison du membre sain avec celui qui est donné pour malade, et la connaissance de la profession de l'individu peuvent servir à faire connaître la vérité.

———

(4) *Pieds plats.* L'article 92 du 1er tableau, 1re section, qui veut que l'on réforme les hommes atteints de *pieds plats* ne saurait plus être adopté aujourd'hui, quand l'individu est bon d'ailleurs. Si cet article était exécuté, ne ferait-il pas renvoyer une grande partie de la conscription des Vosges, de la Normandie, de l'Alsace et du Morbihan, puisque cette difformité est presque générale dans ces pays si remarquables par les bons soldats qu'ils fournissent à la patrie? Depuis longtemps j'avais cessé de contribuer à faire renvoyer un homme ayant les pieds plats, et bien que j'en connusse dans nos rangs, ils faisaient de *longues marches* avec nous, je n'ai jamais reçu de plaintes. Si cependant un

conseil de recrutement a quelques scrupules à cet égard, il peut placer dans la cavalerie les hommes atteints de cette difformité.

———

(5) *Hernie.* La réforme du service militaire devrait toujours être prononcée en faveur de toute personne atteinte *évidemment* d'une hernie inguinale, *pût-elle être bien maintenue.* Cette résolution sera impérieusement adoptée quand on saura que l'anneau anguinal une fois forcé n'est plus élastique. La présence de l'intestin l'amollit et le détendant toujours d'avantage, la cure radicale ne peut plus avoir lieu et surtout chez un homme destiné à tant de fatigues.

———

(6) *Épilepsie.* Dans un accès véritable d'épilepsie, le pouls est *petit, serré et lent,* et par opposition, il est toujours *large et précipité* dans ceux qui sont simulés. Cette dernière circonstance s'explique par les efforts qu'est obligé de faire l'individu imitant. L'écume à la bouche est souvent imitée par des moyens que je ne dois pas faire connaitre.

———

(7) *Amaurose.* Dans l'amaurose simulée, l'œil

est toujours larmoyant. Cette maladie est imitée dans deux de ses signes (l'immobilité et la dilatation de la pupille); au moyen de certaines applications faites immédiatement sur l'œil, les effets peuvent avoir une durée de six et même de vingt-quatre heures; ils disparaitront par le seul fait de l'isolement de l'individu.

———

(8) *Cataracte*. Dans la *cataracte véritable*, c'est toujours derrière l'iris que se trouve l'opacité, tandis que c'est dans la cornée qu'elle se remarque d'abord, quand il y a provocation. Dans la cataracte simulée, l'œil est presque toujours larmoyant.

———

(9) *Myopie*. En général le vrai myope se plait à lire de très-petits caractères et à en former de semblables, afin de réduire l'obligation de remuer la tête. Ses pupilles étant toujours dilatées, il n'a pas besoin d'une forte lumière; il regarde de côté et même d'un seul œil l'objet placé près de lui. Il faut faire essayer des verres concaves d'un foyer déterminé. S'il lit ou voit facilement, la question est résolue : nous ne pouvons donner, et pour cause, plus de détails sur cette épreuve. Il devra aussi lire dans un livre ouvert, dont il appliquera les feuilles contre le nez. Les rides aux angles des yeux, le froncement

habituel des sourcils, la proéminence et le volume de l'œil, la lenteur dans le resserrement de la pupille, sont des signes qui viennent en aide dans l'épreuve; mais ils sont souvent aussi des signes équivoques de myopie.

———

(10) *Hémoptysie*. Dans l'hémoptysie vraie, le sang est *spumeux, rouge et vermeil;* dans l'imitation, il est *noir*. Dans ce dernier cas, le sang est disposé en *caillots,* en grumeaux ou en une seule masse.

———

(11) *Incontinence d'urine*. Après avoir essuyé l'orifice de l'urètre avec la chemise, dans une incontinence simulée, il n'en sortira d'abord rien; mais l'individu fera des efforts pour expulser quelque peu d'urine; et si l'affection est réelle, on voit sortir une goutte, puis une deuxième goutte.

———

(12) *Varices*. La dissimulation des varices peut exister momentanément, si un remplaçant a fait une compression bien entendue et qu'il reste assis pendant toute une séance du conseil de recrutement. C'est pour cette raison que pour déclarer *bon* à servir dans l'armée un individu chez lequel on soup-

çonne l'existence des varices, on doit le faire pro-
mener quelque temps et d'un pas accéléré dans un
corridor ou ailleurs, et exiger qu'il se tienne tantôt
sur un pied, tantôt sur l'autre. Après cet examen,
les veines ne manqueront pas d'être manifestement
visibles, si l'infirmité était dissimulée.

—

Des maladies simulées par les militaires.

(13) *Simulation.* 1° On s'informera auprès des
parents, amis et voisins du prétendu malade, et
auprès des autorités civiles et militaires, des habi-
tudes physiques et morales de l'individu, de l'état
de ses affaires et des motifs qu'il peut avoir de se
soustraire au service ou d'obtenir un certificat.

2° On comparera la maladie réputée simulée avec
les causes capables de la produire, avec le tempé-
rament, l'âge et le genre de vie du sujet sur lequel
plane le soupçon de la simulation.

3° On reconnaitra celle-ci par la répugnance in-
vincible qu'a le prétendu malade contre les remèdes
qui conviendraient à son état; car, dans les maladies
réelles, le malade est souvent le premier à solliciter
l'emploi des médicaments.

4° On examinera avec soin si les symptômes qui
accompagnent nécessairement la maladie dont on se

plaint, ont lieu. Il sera souvent facile au médecin de faire mettre les prétendus malades en contradiction avec eux-mêmes, en leur faisant avouer des symptômes incompatibles avec la nature de la maladie, et les faisant convenir de ceux qui lui sont essentiels.

5° On suivra attentivement la marche de la maladie, et on l'examinera dans ses différentes phases.

Malheur aux jeunes gens, qui pour se soustraire aux obligations de la loi, emploient sans discernement des moyens artificiels, ou qui écoutent de perfides conseils pour y parvenir, puisque des infirmités réelles, des maladies graves et quelquefois la mort en sont la conséquence !

J'espère qu'on ne lira pas sans intérêt un extrait du *Journal des Communes* :

Le recrutement, dit-il, fait peser sur le pays un si lourd impôt, que le plus vif intérêt doit s'attacher à tous les renseignements qui peuvent en expliquer les mouvements et les résultats. Voici les détails statistiques sur une classe de l'une de ces dernières années :

On voit que dans une année le chiffre des jeunes gens illettrés était de 37,231 ; deux ans après, il était réduit à 36,382, et deux ans encore après, à 34,892. Les écoles régimentaires sont également en voie d'extension croissante. Chaque année elles sont suivies par un plus grand nombre de militaires.

Le défaut de taille a exempté 75,078 jeunes gens; *les infirmités* ou *difformités*, 38,175. Les départements qui ont présenté le plus de jeunes gens impropres au service sont l'Allier, Vaucluse, la Seine-Inférieure, la Haute-Loire, le Pas-de-Calais; ceux qui en ont donné le moins, l'Yonne, le Jura, le Morbihan, la Haute-Marne.

Ont été exemptés comme ainés d'orphelins, 2,523; fils ou petits-fils de veuves, 12,438; fils ou petits-fils de septuagénaires ou aveugles, 1,122; puinés de frères aveugles ou impotents, 111; ainés de deux frères appelés, 75; frères de militaires en activité ou morts au service, 10,511; déduits à raison de leurs professions, etc. (article 14 de la loi), 2,083.

Sous le point de vue des *professions*, le contingent de cette même année était ainsi composé: ouvriers en bois, 4,800; ouvriers en fer, 5,200; ouvriers en cuir, 1,600; ouvriers en pierre et mineurs, 3,200; employés aux travaux de la campagne, 43,200; écrivains ou commis de bureaux, 1,600; tailleurs d'habits, 1,600; bateliers et mariniers, 800; professions diverses, 16,800; sans profession et vivant de leurs revenus, 5,200.

La mortalité dans l'armée offre un résultat bien consolant. La comparaison entre les libérations qui ont eu lieu en 1852, 1853 et 1854 et les incorporations correspondantes des années 1824, 1825 et 1826, offre une perte en hommes de quatre pour cent par année, tandis que dans la vie ordinaire, et pour la même période d'âge que celles des jeunes soldats, la mortalité dépasse cinq pour cent. La profession militaire, en temps de paix, serait donc favorable à la conservation de l'existence.

Nombre relatif du chiffre militaire avec la population de plusieurs États de l'Europe, en 1828.

On compte en Danemarck, un soldat sur 50 habitants; en Suède, un sur 55; dans le Wurtemberg, un sur 59; en Pologne, un sur 60; en Prusse, un sur 68; en Bavière, un sur 69; en Russie, un sur 70; en Autriche, un sur 100; en France, un sur 110; en Angleterre, un sur 140; dans les Deux-Siciles, un sur 200; en Toscane, un sur 400; dans les États-Romains, un sur 400.

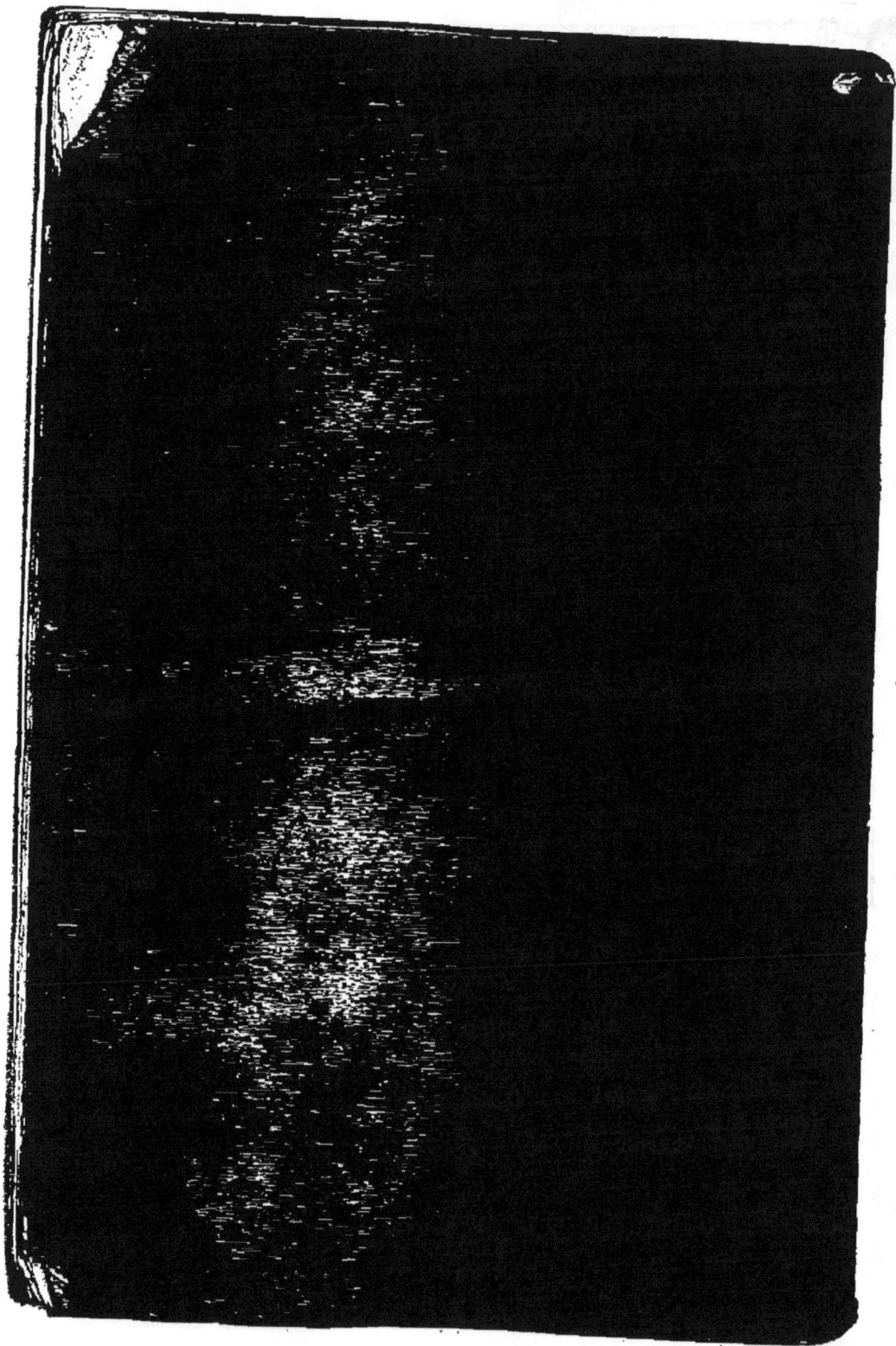

www.ingramcontent.com/pod-product-compliance
Lightning Source LLC
Chambersburg PA
CBHW071010280326
41934CB00009B/2252